上毛多胡郡碑帖の板本について

髙橋達明

ぺりかん社

高橋道斎肖像　平祥胤筆

群馬県甘楽郡下仁田町　高橋清氏蔵

平祥胤。姓、鏑木、字三吉、号雲潭。市河寛斎の次男。鏑木梅渓の養子。

文化初年、肥前大村藩の絵師として大村城下に居たことが鷗外の文に出る（伊沢蘭軒　その四十九）。

管見によれば、道斎の肖像はもう一つ残る。今詳しくは書けないが、青霞堂主九峰山人と題する賛の末に、寛政六年甲寅春と見えるので、歿後すぐに描かれたようである。雲潭の作は恐らくこの肖像を写したものであろう。身辺の小道具が異なるが、風貌姿勢はほぼ同じである。但し、もとの表情には、真率な苦味がある。

上毛多胡郡碑帖の板本について

目次

口絵……高橋道斎肖像　平祥胤筆
はじめに……5
一　板本について……11
二　初板本について……17
三　再板本について……39
四　再刊の経緯について……51
五　写本と関連書について……83
おわりに……91
謝辞……103

はじめに

上毛多胡郡碑帖についての近年の研究は、次の論に代表される。

一　杉仁、在村文化の情報発信と朝鮮・中国——多胡碑文字と在村学者の活動——、近世の地域と在村文化、吉川弘文館、二〇〇一年、所収。

二　杉村邦彦、多胡碑の朝鮮・中国への流伝について、東野治之・佐藤信編、古代多胡碑と東アジア、山川出版社、二〇〇五年、所収。

杉氏の著は、別に章を設けて、本帖の刊行者である上野国甘楽郡下仁田村の高橋道斎について述べた後、一の論で道斎の多胡碑再発見を取り上げ、多胡碑拓本の出版と江戸文人の協力と題する、その第二節で、早稲田大学図書館蔵本を底本として、本帖について詳しく記述する。すなわち、本帖を構成する七つの項目を掲げて、その中、序（井上通熈）、碑文、碑の寸法、多胡郡碑字考証、跋（沢田東江）について、各々、全文を写している。多胡郡碑面考証は、略。本書で問題とする、高克明（道斎）の自筆刻の文（上毛多胡碑再勒跋）についても、上毛　高克明　題（二丁二〇行、略）（一七五六《（ママ）》年〈宝暦六〉）、と記すのみで、文章を写していない。

二の杉村氏の論は、本帖を、沢田東江・髙橋道斎による多胡碑の採拓と上毛多胡郡碑帖の刊刻（第一節）で取り上げ、国立国会図書館内閣（ママ）文庫蔵本を底本として、順次、序（全文）、碑文（省略）、上毛多胡碑再勒題（ママ）（省略）、全図及び寸法（挿図）、多胡郡碑面考証（省略）、多胡郡碑字考証（省略）、東郊平鱗の自跋（全文）を掲げて、説明を記す。道斎の文についての説明は、次の通り。「再勒題は、この摹刻本を刊行するに至った経緯を記しているようでたいへん重要な資料であるが、いかんせん倉卒の間に認められた草書で、しかも刻が浅いためであろうか、墨拓では不明の文字が多く、読解し難い。残念であるが、後考にまつこととする」（同書一一一頁）。刻の浅さを云う文は一応推量の体だが、「いかんせん倉卒の間に認められた（草書）」という断定は奇怪の言である。氏の論はその後、著書の書學叢考（研文出版、二〇〇九年）に収められたが、右の引用文には変更がない。

その他、例えば、海を渡った多胡碑展の展示解説書（吉井町多胡碑記念館、二〇〇六年）の一節、また古くは米田彌太郎氏の沢田東江の古法書説（近世日本書道史論攷、柳原書店、一九九一年、所収）のように、道斎の再勒跋に触れるものもあるが、管見の限りでは、その読解を試みた文献はないようなので、小文を発表することとした。

なお、筆者が二の杉村氏の論を読んだのは、読解を終えた後の二〇一二年であったことを始めに断っておきたい。

一　板本について

上毛多胡郡碑帖には、実のところ、二種の板本がある。両者は板刻を異にするので、今、初板、再板と呼ぶ。

筆者は二〇一二年二月、群馬県の草津に須賀昌五氏を尋ねた折、当時所持していた早稲田大学蔵本のコピーとは異なるコピーに接して、道斎の他の資料とともに複写させて頂き、それに基づいて、国文学研究資料館の日本古典籍総合目録データベースに挙がっている、本帖の八本の刊本を順次調査した結果、上記の如く、二種の板本の存在を確認した。

八本のうち、初板は東京国立博物館蔵の一本のみで、他の七本は再板である。その後、データベースに、富山市立図書館の蔵本が新たに掲載されたことに気づいて、二〇一四年八月、閲覧に赴き、初板であることを確認した。東博本はマイクロフィルムしか見ていないので、初板の原本を手にするのはこの時が初めてであった。

なお、須賀氏蔵のコピー（題簽、上毛多胡郡碑帖）は東博本ではない形跡があるので、初板が少なくとももう一本どこかに存在するはずである。氏のご記憶が明瞭でないが、あるいは、篠木弘明氏の俳山亭文庫蔵の初板本コピー（現在、高崎市立図書館蔵）をコピーしたものかも知れない。篠木氏のコピーは平成六年九月の道斎展に出品されている（没後二〇〇年高橋道斎特別展、下仁田町教育委員会刊、参照）。

以下に刊本を記すに当って、須賀昌五氏及び所蔵機関の関係各位に感謝の意を表する。

初板

一　富山市立図書館山田孝雄文庫蔵。題簽、欠。十五丁。表紙、墨流し（藍）。

二　東京国立博物館蔵。題簽、上毛多胡郡碑帖。十五丁。印、徳川宗敬氏寄贈。

再板

一　国立国会図書館蔵。題簽、上毛多胡郡碑帖。十六丁。

二　国立公文書館内閣文庫蔵。題簽、多胡郡碑字考證全（原題簽ではない）。十六丁。墨書、徳川家達献本。

三　宮内庁書陵部蔵。題簽、上毛多胡郡碑帖。墨付、十六丁。印、松岡文庫、圖書寮印。

四　早稲田大学図書館蔵。題簽、上毛多胡郡碑（以下、汚損）。十六丁。印、天眞堂糺山記、他。

五　尾道市立図書館橋本文庫蔵。題簽、上毛多胡郡碑帖。十六丁。乱丁あり。

六　C. V. Starr East Asian Library, University of California Berkeley 蔵。題簽、上毛多胡郡碑帖。十六丁。

七　佐野市郷土博物館須永文庫蔵。題簽、上毛多胡郡碑帖。十五丁（碑字考證の一丁を欠く）。

初板、再板、共に大本である。前者は縦二七・三センチ、横一八・六センチ（山田文庫蔵本）、後者は縦二八・八センチ、横十九・五センチ（国会図書館蔵本）。全般に、再板のほうがやや大きいようである。

二　初板本について

初板の構成を、丁を追い、柱記を含めて、記述する。底本は一の山田文庫蔵本。なお、山田孝雄文庫目録（和装本の部、富山市立図書館、二〇〇七年）は本帖を多胡郡碑面考證として記載する。題簽を欠くので、十丁裏の内題によったものである。

一丁表—七丁裏　多胡碑の墨本。総数八十字を半丁二行、一行三字を基本として全七丁の表裏に配分する。匡郭、罫なし。

八丁表—八丁裏　井上通熈の文の墨本（自筆刻）。匡郭、罫なし。全十一行。文は序に相応（後掲）。

九丁表—九丁裏　髙克明（髙橋道斎）の文の墨本（自筆刻）。匡郭、罫なし。全十二行。文は序に相応（後掲）。

十丁表　上毛多胡郡碑全圖。図の左に寸法を記載する（後掲）。匡郭。柱刻。碑面考證、魚尾、横線、乙、横線、青霞蔵。

十丁裏　多胡郡碑面考證（後掲）。匡郭。罫（九行）。

十一丁表—十一丁裏　同右。柱刻。同じ（但し、丁数、二）。

十二丁表—十二丁裏　同右。柱刻。同じ（但し、丁数、三）。

十三丁表―十三丁裏　同右。柱刻。同じ（但し、丁数、四）。
十四丁表―十四丁裏　多胡郡碑字考證（後掲）。匡郭。罫（九行）。
　　　　　　　　　柱刻。碑字考證、魚尾、横線、乙、横線、青霞蔵。
十五丁表―十五丁裏　東郊平麟（沢田東江）の文の双鉤塡墨（自筆刻）。匡郭。罫（四行）。
　　　　　　　　　文は跋に相応（後掲）。
　　　　　　　　　柱刻。柱題なし。魚尾、横線。丁数なし。横線。青霞蔵、なし。

注を加えれば、墨本は法帖だが、ここでは、拓本の板刻を云う。丁数の乙は一。青霞蔵の青霞は道斎の室号。本帖の出板の資本主が道斎であることを示す。双鉤塡墨は墨を塡めるのだから、黒字である。

次に、所収の文とその書き下し文を順次掲載し、関連する事項を記述する。

㈠　井上通熙の文。

多胡碑墜於草莽數
百年矣其歳月益深則
不能無損缺文亦剝落
焉九峰高子啓嘗留宿
其下坐臥觀之不啻歐陽
率更於索靖也乃嘆詞
唯是一片石堪共語耳
始摹之以藏于家其搨
本流布四方蓋天之寵
靈藉子啓之手邪

丁丑夏井通熙識　（印）通熈之印（印）叔

多胡碑は草莽に墜つること数百年なり。
其の歳月益々深からば、則ち損欠無きこと能わざらん。

文も亦剝落せん。
九峰高子啓嘗て其の下に留宿して、
坐臥して之れを観る。啻に歐陽率更の索靖に於けるのみならず。
乃ち嘆じて詞《い》うに、
唯だ是れ一片の石なるも共に語るに堪うるのみと。
始めて之れを摹し、以て家に蔵す。
其の搨本四方に流布す。
蓋し天の寵霊の子啓の手を藉りたるか。

丁丑の夏、井通熈識す

丁丑は宝暦七年（一七五七）である。
井上蘭台、諱通熈、字叔については、嗣子潜（号四明）の行状（事實文編三十九）があり、
先哲叢談（巻之八）にも伝が載る。道斎（名克明、字子啓、別号九峰）は、筆者の推定によれば、
宝暦二年（一七五二）か宝暦三年（一七五三）の春、江戸に出て、予てからの書道の師高頤斎

に面会し、同門の沢田東江（当時の名は隣、字景瑞、号東郊）を介して、蘭台に入門した。井上金峨の送九峯高君西遊序（宝暦十年）に、〔道斎〕東都ニ来リ、平景瑞ノ諸子ト游ブ、因リテ蘭台井翁ニ謁シ、最後ニ井純卿〔金峨〕ヲ得ル、とある（市河三陽、諸家贈言、墨海四ノ二）。入門といっても、朋友として親しむというに近い。三浦叶氏の近世備前漢学史（私家版、一九五八年）から引用すれば、蘭台は、学問ニ師ト弟子ト云事ハ古ハ有テ今ハ無事ナリ〔略〕儒学ニハカリハ師弟ノ別ハナシ〔略〕人ノ子弟ヲ某カ弟子某カ門人ナト、云フ儒者ハ道ニ闇キ沙汰ナリ（手沢雑箋）という考えの人であった。自ずから、学問の見方も自由闊達である。

今ノ人モ禅学ニテモ神学ニテモ書画ノ類軍談物浄瑠璃本繪草紙歌学誹諧ノ類ニテモ筆硯ニ交ル事ハ皆々文学ノ内ト心得テ好ミ次第ニ志ヲ向フルヲコソ真ニ学問ナリ（手沢雑箋）

かくの如き土壌に、井上金峨の折衷学は育ったわけである。

さて、両人の交渉は、種々の資料が残るけれども、ここには、江戸から帰って後、道斎が蘭台に宛てた書簡を引用する。九峯集上、所収。九峯集は道斎の詩文集だが、書牘上下の二巻しか現存しない（市河三次氏蔵複写本のコピー、須賀昌五氏蔵）。所謂古文辞の漢文であり、便宜上、筆者の書き下し文を写す。

先生を窺見せんと願う者、十数年なり。趨《はし》りて下風に就く。今日乃ち御李の幸を得たり。唯だ先生は長者、重ねて不棄を賜り、仰止の懐、年と倶に積るのみ。維れ此の徳音、旧交の末契に過与す。喜び焉《こ》れより大なるは莫し。僕天幸にも吾が多胡郡碑を得たり。固より天の斯の文を喪わざるなり。字勢雄偉。神を窮め、妙に詣《いた》る。実に須《もと》めて天然を得たり。未だ嘗て信慕を私竊せず。所謂三千年にして白日を見るなり。僕の区区たる微名、羊公の声誉を以て長く海内の秋に鳴らんか。数千年前の知己、我に於て猶お墜失有るを恐れるが如し。打を為《つく》り、数本を家に蔵す。伏して以て奉呈せん。外に諸君子にも贈る。幸いに転達を終わる。唯だ先生を煩わすを是れ懼れるのみ。（全文）

趨リテ下風ニ就クは、禹が伯成子高に会う故事（荘子、天地）、御李ノ幸は、後漢の人荀爽が李膺に拝謁し、その御者になったことを喜ぶ故事（後漢書、李膺伝）である。蘭台は道斎に面会した上、重ねて不棄を賜る、即ち道斎に手紙（徳音）を寄せる。引用文はその返信である。そこに多胡碑の拓本（打ヲ為ル）が出てくるのは、筆者の想像するところ、先日、高頤斎に進呈したという拓本が井上邸で話題になり、いずれお送りしますということになったのである。羊公は後出の羊大夫。拓本を贈った諸君子の一人には、沢田東郊も入っていたにちがいない。ともあれ、この書簡は道斎と多胡碑の係わりを示すもっとも早い記録であろう。

蘭台の序文の歐陽詢（率更令）の逸事は、細井広沢の観鵞百譚にも見え（第五十三、歐陽観碑三日不去）、知慎おもへり、むかしの人の物このめる事こそ甚だしけれ、今の人はたとひすろ事は甚しくとも、外見にひかれていかなる田舎の山陰にても止宿して見るほどの事ハせましきなり、と感想を記している。この文は、当然、通煕も東郊も、田舎の人道斎も知っていたはずである。

広沢は観鵞百譚（享保十年序）を刊行する以前、享保六年（一七二一）に、多賀城碑の墨本（外題、滕刻壺碑）を出板しており、それが本帖の製作の手本になったと考えられるので、今、山田文庫蔵本によって、帖の構成を簡明に記しておく。題辞（壺碑）、東奥多賀古城壺碑帖叙（細井広沢）、碑面全図、三稜小図、墨本（注を付す）、碑字考証、跋（室鳩巣）。山田孝雄文庫目録には、叙の題を表題としてある。周知のように、広沢の書の師北島雪山は長崎で独立（戴笠、字曼公）に学んでいるので、高頤斎の伯父であり師である高玄岱とはひとまず同門である。

高頤斎の閲歴については、石村喜英氏の書家深見頤斎の動静（深見玄岱の研究、雄山閣、一九七三年、所収）が恐らくもっとも詳しい。広沢は著書の紫微字様（享保四年板）の巻頭に雪山の肖像を掲げて、この、古今非常之人、を鑽仰しているが、高頤斎もまた尋常の人ではない。記すべきことは多いけれども、ここには、九峰集上に収める、與頤斎先生四通のうちの最初の書簡を書き下しておく（全文）。文中、頤斎の六十載を云うが、それは寛延四年（一七五一）に当るので、道斎はそれ以前に人を介して法帖を入手していたことになる。但し、面会するのは、翌年の宝暦二年か三年の春のことであろう。

> 凡そ百の技、書を大と為す。我　東方の書、其の原の伝わらざるや久し。道聴塗説の徒、賞鑒して屢々得べからざるなり。先生六十載に向わんとす。即ち龍飛鳳翔、集めて大成する者と謂うべし。曩《さき》に篆隷一帖を得たり。敢て祇領せずんばあらず。其の神采横逸、実に我が家の黄庭〔黄庭経〕なり。案頭に堆置し、自ら賞で、自ら玩ぶ。自ら信じ、又信ず。誰人か信ぜざらんや。竊かに以為《おも》えらく、海内の淄澠の合を弁ずる者、易牙其の人なりと。佗人をして且つは嘗め且つは知るをさせず。小子裁する所を知らずと雖も、此れ惟だ書の難きに非ざるなり。書を得るも亦難し。毛野〔上毛〕固より翳桑に舎る。

椹子膏一封、左右に謹上せん。

道斎は後年に至るまで、自らを高頤斎の門人と見做していた。筆者は先年、道斎が高頤斎の大字、何物風塵、の左に隷書の謹厳な小字で、頤斎翁四大字、自風塵表物、子真〔神戸景龍の字〕得寶之、後人得宍忘骨、於此翁乎、見真面目、門人高克明謹題、と鑑識を記した大幅を拝見したことがある。

(二)　高橋道斎の文。

余獲茲碑何世之論書者之
固也其爲書也莫不稱具體
矣羽翼鍾王者亦惟不少也
嗚呼海内無知己哉無得而
稱之焉其否者不言姓名如何
畫列明楷而与挈瓶之徒

不同也東都平景瑞客上毛
同余觀之未嘗不慨然於斯
其爲知己於千載之下者余与
景瑞而已抑亦令吾輩俟知
己於千載之下
寶暦丁丑夏上毛髙克明　（印）　九峰山人

余茲の碑を獲るに、何ぞ世の書を論ずる者の固なるや。
其れ書を為るや、體を具えるを称せざるは莫し。
鍾王を羽翼とする者も亦惟れ少なからず。
嗚呼、海内に知己無からんや。得て之れを称する無し。
其れ否《しか》らざれば、姓名を言わざるは如何。
明楷を画列して挈瓶の徒と同《とも》にせず。
東都の平景瑞上毛に客たりて
余と同に之れを観て、未だ嘗て慨然たらずんばあらず。

斯に於て其れ千載の下に知己たる者、
余と景瑞とのみ。抑も亦吾が輩をして知己を
千載の下に俟たしめん。
宝暦丁丑の夏、上毛の髙克明

井上通熈の序と同じく、宝暦七年夏の執筆であることに注意したい。

鍾王は魏の鍾繇と晋の王羲之。画列明楷は滄溟尺牘（李滄溟集巻之二十六）による句で、道斎は後年の著、李滄溟尺牘考（明和四年刊、上毛九峰山人纂、東都書林嵩山房梓、三冊、東北大学図書館狩野文庫蔵、明和改元甲申秋の長文の自序の他、井上金峨の序を付す）で、画列に、蔡邕論、隷勢或ハ穹窿恢廓、或ハ櫛比針列、明楷に、歐陽修跋茶録、善ク書ヲ為ル者、真楷ヲ以テ難シト為ス（巻之上、十六ォ、原漢文）と注している。多胡碑の素晴らしい楷書を褒めて、作者を挈瓶ノ徒、小智の徒と同列ではないと云うのである。

東郊の上毛来遊については、後述。

㈢　全図の寸法の記載。書き下し文は省略。

碑身自首至跗三尺九寸六分身上壹尺四寸四分
下壹尺九寸六分有奇其形上狭下濶其盖方二尺四寸

㈣　碑面考証の文。書き下し文は省略。

多胡郡碑面考證　（十丁ウ）

東都　平鱗景瑞著
上毛　高克明子啟參訂

碑在多胡郡池村

弁官　職原抄云辨七人左右大辨二人
左右中辨二人左右少辨二人近
衛中少將中有才名之人遷任辨
官或兼之又爲規模矣

郡成給羊義未詳土人呼為羊太夫碑故姑
従土人所傳記此如左　（十一丁オ）
塩谷二墟者小幡羊太夫之邑也
巉巖険阻猷不能走其巓有巨巖
俗稱御前石人有八束城接八束
嶺因得此名焉羊氏毎朝京師必
乗龍駒一竪従之竪脛八尺故曰
八束小脛和銅四年人或上變告
羊氏欲反状主將某率官兵以撃
之羊氏不能拒戦単騎遁走至池
村而自殺其首抜飛墜於池村就（十一丁ウ）
葬立碑今尚存龍駒亦逸至馬庭
村飛躍昇天今之馬庭山瑞雲寺
即其處也羊氏之宰従羊夫人而
逃至落合村為官兵所逼夫人及

七嬪與宰皆死有七輿山宗永寺
即此也池村民家患瘡者禱於羊
氏祠則止乃采水中之石以祀其
神云爾

成多胡郡續日本記云和銅四年三月辛亥（十二丁オ）
割上野國甘良織裳韓級矢田大
家緑野郡武美片岡郡山等六郡
別置多胡郡按碑蓋此時所建

和銅四年三月九日甲寅迺元明天皇四年
唐睿宗景雲二年也至寶曆六年
丙子千四十六年

多治比真人續日本記和銅中同稱多治比
真人者多矣未詳名諱

穗積親王石上尊藤原尊公卿補任云和銅（十二丁ウ）
四年辛亥知大政官二品穗積親

尊

王𠂇大臣正二位石上朝臣麻呂
右大臣正二位藤原不比等
石上藤原字下尊字盖取義於朝
臣耳按萬葉集載石上乙麻呂卿
配土佐國之時歌三首其一曰
石上振乃尊者弱女乃惑爾縁而
馬自物縄取附肉自物弖笑圍而
王命恐天離夷部爾退古衣又打（十三丁オ）
山従還来奴香聞
又按聖武天平十一年三月石上
朝臣乙麻呂坐姧久迷連若賣配
流土佐國若賣配下總國焉云云
按東涯伊藤氏盍簪録載多胡碑
圖而碑中羊字石上藤原字下尊
字並爲蝕壊然今親観其碑羊尊

三字昭然而在焉意曩観者卒爾
寫之遂以爲蝕壊矣又東涯碑考（十三丁ウ）
曰碑在本郷村界今属長崎豫州
之邑有大樟樹擁其傍碑身半為
所齧今并無之

〔四行アキ〕

碑面考證終

盇簪録の伊藤東所（名善韶）の校正本（随筆百花苑第六巻所収）には、韶按、近來所飜刻碑本、校正甚正、石上藤原字下、明是尊字〔以下略〕とある。本帖を指すか、上野多胡郡碑文を指すであろう（第五章参照）。

㈤　碑字考証の文。書き下し文は省略。

多胡郡碑字考證　　　　　　　　　　　（十四丁オ）

東都　平麟景瑞著
上毛　高克明子啟參訂

苻　王羲之黃庭經
國　鍾繇法帖羲之曹娥碑虞世南㳒帖皆
作國蕭子雲㳒帖又皆作國
罡　漢仲定碑字㨾又右軍㳒帖
绿　古碑帖多作纟又王僧虔法帖
给　羲之十七帖又右軍瘞鶴碑字㨾
罒　孫叔敖碑又梁高帝唐太宗并作罒又（十四丁ウ）
王獻之㳒帖
賔　褚遂良陰符經又張旭書
正　王右軍㳒帖
治　羲之黃庭經
真　同上又右軍瘞鶴碑
政　王右軍汧陽縣龍泉山普濟禪院碑銘

穂積　古多禾从ネ
尊　王献之法帖多作尊又褚遂良法帖

㈥　沢田東郊の文。

多胡碑不知何人
書然其風韵畫烈《（ママ）》
奇古情不下晋唐也
故今所徴亦惟依晋
唐墨本焉乎爾
寶暦丙子季秋
江都東郊平麟識
（印）麐之印（印）景瑞

多胡碑は何人の書なるやを知らず。

然るに其の風韵は奇古を画列す。
情《まこと》に晋唐を下らざるなり。
故に今徴する所も亦惟だ
晋唐の墨本に依るのみ。
宝暦丙子の季秋
江都の東郊平麟識す

丙子季秋は宝暦六年（一七五六）九月であり、通熈と道斎の文の日付より一年近く早い。柱刻に何の文字もないことも不審であり、第四章で私見を述べたい。

三　再板本について

第二章に倣って、まず、再板本の構成を記述する。国会図書館蔵本を底本とする。

一丁表—一丁裏　井上通煕の序の双鉤塡墨（自筆刻）。文は初板本の文に同文。全十一行。字の配置も同じ。但し、匡郭あり。罫はなし。柱刻もあり。多胡碑序、魚尾、乙、魚尾、青霞堂藏。

二丁表—八丁裏　多胡碑の墨本。匡郭、罫なし。配置も初板本に同じ。

九丁表—十丁裏　髙克明の文の墨本（自筆刻）。題、上毛多胡碑再勒跋（後掲）。罫（五行）。

十一丁表　上毛多胡郡碑全圖。図の左に寸法を記載する。初板本に同文。但し、初板の壹が一に（二箇所）。匡郭。柱刻。碑面考證、魚尾、乙、魚尾、青霞堂藏。

十一丁裏　多胡郡碑面考證。初板本にほぼ同文。但し、第二行、平鱗景瑞が、平鱗景瑞に、第三行、子啟參訂が、子啟鑒定、に。また、返り点、送り仮名、熟字の縦線を付す。匡郭。罫（九行）。文字の異同は各々の丁に記す（字形の異同は省略）。

十二丁表—十二丁裏　同右。柱刻。同じ（但し、丁数、二）。

十三丁表—十三丁裏　同右、柱刻。同じ（但し、丁数、三）。異同。甘良、甘良郡（十三丁オ）。和銅中同稱、和銅中稱（十三丁オ）。

十四丁表—十四丁裏　同右。柱刻。同じ（但し、丁数、四）。異同。羊尊三字、羊尊字（十四丁オ）。

十五丁表—十五丁裏　多胡郡碑字考證。初板本にほぼ同文。但し、返り点、送り仮名、熟字の縦線を付す。匡郭。罫（九行）。柱刻。碑字考證、魚尾、壹、魚尾、青霞堂藏。重要な異同として、初板本に見える、東都平鱗景瑞著、上毛高克明子啟參訂、の二行を抹消する。文字の異同。皆作國蕭子雲、蕭子雲（十五丁オ）。又皆作國、皆作國（十五丁オ）。同上又右軍、同上又（十五丁ウ）。

十六丁表—十六丁裏　東郊平鱗（沢田東郊）の文の双鉤塡墨（自筆刻）。匡郭。罫（七行、六行）。文は跋に相応（後掲）。柱刻。多胡碑考題跋。その文字は、草書の双鉤塡墨。魚尾二個もなし。

次に、高橋道斎の文と沢田東郊の文を順次掲げる。

㈠　道斎の文。文字の右隣りに打たれた○を句点で代用する。

上毛多胡碑再勒跋　（印）不貴尺之璧而重寸之会
古有之。鳥策篆素玉牒
石記。傳而至今。生今之世。
志古之道。顧不奇乎。我
上毛多胡郡碑。盖千
有餘載之物矣。丁
丑夏。余奨成上木。庚辰
春。東都罹災。寝不施
行。名不可得而聞。文不

可得而見。不亦惜乎。夫
道出於天。事在於人。
高岸為谷。深谷為陵。
神物之化。須人而成矣。
豈徒然乎。副本器而
藏。就復刻之。乃將傳之
無窮。錯亂磨滅。不
損益一毫。与余同志者。
亦復所不隱。
寳曆辛巳秋
　上毛高克明題　（印）九峰山人

上毛多胡碑再勒の跋
古之《ここ》に有り。鳥策篆素玉牒石記、
伝えて今に至る。今の世に生まれて、

古の道を志す。顧《おも》うに奇ならずや。
我が上毛の多胡郡碑は、
蓋し千有余載の物なり。
丁丑の夏、余上木を奨成するも、
庚辰の春、東都罹災し、寝《や》みて施行せず。
名は得て聞くべからず。
文は得て見るべからず。亦惜しまざらんや。
夫れ道は天に出でて、事は人に在り。
高岸谷と為り、深谷陵《おか》と為る。
神物の化は、人を須《ま》ちて成る。
豈徒然ならんや。副本器《うつわ》して蔵せば、
就《すなわ》ち復た之れを刻す。乃ち将に之れを
無窮に伝えん。錯乱磨滅するも、
一毫も損益せず。余と志を同じくせば、
亦《ま》復《た》隠さざる所なり。

宝暦辛巳の秋
上毛高克明題す。

宝暦辛巳は宝暦十一年（一七六一）。

題辞の再勒は再度の板刻の意。

本文は、古文辞の典型の如き文章で、一文ごとに典拠があると云っても、過言ではない。繁雑になるので、特異の句にのみ注すれば、まず、鳥策、以下の語句は、例えば、左太冲の呉都賦（文選巻五）に出るもので、鳥の足跡の如き文字で記した竹簡、篆書の帛、玉飾りの札、石に刻した記録を云う。道出於天、事在於人は、呉越春秋巻五。人之所習、無有不神と続く。神物之化、須人而成も呉越春秋巻二。道斎がかかる史書に目を通していたのは、まず史書を読み、その後に経書を見るべしという井上蘭台の見識に従ってのことであろう。それは、道斎が春秋左氏伝の抜書を残していることからも明らかである。題簽（直書）に帯鋤録と云う自筆本（東京大学総合図書館蔵）で、末尾に、左氏抄二本　寶暦八歳次戊寅冬髙克明子啟　卒業於恬如塾中、という三行の青墨書がある。東都罹災、その他については、次章に。

なお、仲川恭司氏は論文、多胡碑考察㈠のはじめに古文献を挙げる中で、沢田東江の遊毛にふれた後、越えて七年（宝暦）、拓本を上木したが罹炎《（ママ）》したため、十一年に至って改めてこれを刻し、上毛多胡郡碑帖と題する一冊として公刊した、と述べている（専修国文三二号、一九八三年）。迂闊ながら、近頃まで気づかなかった。同趣旨の文は前掲書（山川出版社刊）所収の氏の論文にもある。

(二) 東郊の文。○を句点で代用。

今夫天下名山大川。斷碣殘碑。悉希世物。時或顕晦焉。若有鬼神為之呵護。故百世之下。不與倶盡爾。多胡碑。自昔好古名流。無得見者矣。甲戌之穐。余遊上毛。同子啟観之。嗟呼此山靈珎重之物。歴千有餘載至是

始洩人間。盖天壽神物。無
終閟之理。遂摹刻於南谷。
續復附考證。于以作帖。時
丙子夏日也。
東郊平鱗識　（印）鱗（印）景瑞

今夫れ天下の名山大川、断碣残碑、
悉く希世の物なり。時に或いは顕晦す。
鬼神有りて之れが呵護を為すが若し。
故に百世の下、与倶《とも》に尽きざるのみ。
多胡碑は昔より好古の名流、得て見る者無し。
甲戌の穐《あき》、余上毛に遊び、
子啓と同《とも》に之れを観る。嗟呼此れ山霊の
珎重の物なり。千有余載を歴たり。
是に至りて始めて人間に洩る。盖し天寿の神物にして、終闋の理無し。遂に南谷に於て摹刻す。
続けて復た考証を附し、于《ここ》に以て帖と作す。
時に丙子の夏日なり。
東郊平鱗識す

甲戌は宝暦四年（一七五四）。東江の遊毛については、次章。終闋は終わること。署名の名が鱗ではなく、鱗であることに注意されよ。

四　再刊の経緯について

再刊の経緯は、第三章の道斎の再勒跋（再板本）に触れられていた。そこで、まず、庚辰春の東都罹災、即ち宝暦十年（一七六〇）の春の江戸の火災について調べてみよう。

定本武江年表（上、今井金吾校訂、ちくま学芸文庫、二〇〇三年）によれば、江戸の町はこの年の二月、四日、五日、六日と三日続きの、四度の火災に襲われた。特に、六日の戌刻、神田旅籠町の足袋屋（明石屋）から出た火事は大きく、折からの乾の風で、火は外神田の東南に広がり、佐久間町、浅草辺、馬喰町、本町、日本橋、江戸橋辺を焼き、深川にも飛び、翌朝巳刻に鎮火した。被害は武家屋敷二八一、寺院二五、町数一二六に及ぶ（黒木喬、江戸の火事、同成社、一九九九年）。日本橋はことに出板書肆の多い所である。上毛多胡郡碑帖も、版木もろとも、この火事で焼亡したのであろうか。

江戸の書物問屋組合の出板の記録である、割印帳（東博本、第一巻、ゆまに書房、二〇〇七年）を繰ると、宝暦七年丑九月廿五日、行事、吉文字屋次郎兵衛の項に、本帖の記事がある。

同　丙子　　　　　　　　　　板元賣出し
多胡郡碑帖　　作者景随　全一冊　　小川彦九郎
墨付十五丁　　　　　　　　　　　　同　人

書名に上毛を欠くが、省略であろう。書名の右肩は板行の年月。普通、刊記を写すという（同は宝暦、後述）。左横は書物の丁数。行事の署名がある九月の日付は、板刻がすべて完了し、刷り上がった本を再び提出して、販売を許可する割印を捺した日付である。

したがって、割印帳によれば、上毛多胡郡碑帖（初板本）は宝暦七年丁丑九月に、刷りが完成し、組合に提出されて、割印をもらったことになる。

出板までの経緯は恐らく、次の如くであろう。関連の資料が複雑多岐にわたるので、道斎の年表の形で記述してゆきたい。


寛延四年（宝暦改元十月二十七日）（一七五一）辛未

七月。道斎は近江義仲寺の雲裡房杉夫の西毛の社中の重鎮として、甘楽郡一ノ宮村下り松（富岡市）に、芭蕉塚を建立する（現存）。同時に、京都の俳書肆井筒屋庄兵衛より記念句集、旅寝塚を出板。月巣圓之の名で序を作る。

旅寝塚は関東俳諧叢書全三十二巻（加藤定彦、外村展子編、発売元　青裳堂書店）にも収録されていない稀本である。筆者は幸いに、石井市之助氏（群馬県中之条町）の蔵本を見ることができたので、氏のご好意に感謝しつつ、月巣圓之の序を次に写しておく。

ここに旅寝塚ある事ハ一とせ老師雲裡房の行脚に二三子机前にありて其事をさゝやくに時なるかなことし辛未の秋祖翁の眞蹟一葉を探得たり既にその地を定るやあるハかしこ又はこゝにして更に一決しかたきを上毛なる一宮は靈場にして人の往來も目を留れは殊に花あり松ありて所の字も下り松といへれは祖翁の素意にも萬か一はちすへけむかハとこゝに門人一簣を荷ひてやかて碑面の句中を摘て旅寝塚とハ仰きける也されは供養の日を議するに幸老師の下向を待得れは碑前に古翁の遺句を擧てその句〳〵に韻を次くより十百句の法筵とはなしぬ追加に春秋の百花を各詠して終に梓行に及ぶ事は邊地に此塚の名ある事を他方の好士に知しめんか爲也けらし抑や祖翁の德の鏡の如くなるより老師の親切の世界に普くしてこゝに祖翁の塚を立れはかしこに梅花佛の碑を造りてより道は日〳〵に縦横し法は月〳〵に嚴ならむとす仰きてもなをあふくへきハ師恩の廣大なるにそ

月巣圓之書（遊印、優游自在、落款印、月巣主人）

圓之は百韻、余興の外、各詠に萩の句を寄せている。

　　踊にもこゝむ伊達あり萩の花

なお、版元の井筒屋は元禄の蕉門俳書のほとんどすべてを出板した名高い書肆である（雲英末雄、俳書の話、青裳堂書店、一九八九年）。

この前後、碑石と土地の選定に奔走する中、池村の羊さま（多胡碑）について聞き知ったものと思われる。

宝暦二年（一七五二）壬申、或いは、宝暦三年（一七五三）癸酉

春。江戸に赴き、高頤斎に対面する。師に東郊田隣（沢田東江）を紹介され、さらに、東郊の紹介により井上蘭台に面会する。

この時、高頤斎に多胡碑の拓本を呈上する（推定）。

帰郷の後、蘭台、東郊、その他の人士に多胡碑の拓本を送る。先に蘭台宛の送付の書簡を

引いたが、もう一つ挙げておく。御書物奉行をも勤めた儒臣成島錦江（宝暦十年歿）に宛てたもの。九峰集下、所収、與鳴公侍讀の一節を書き下す。

小子本邦の多胡郡碑本を家蔵す。則ち将に之を鍾王の間に置かんとす。小子天の霊を得て、千有余載の物を観る。小子の喜び知るべきなり。伏して以て記曹に奉る。古之《ここ》に有り。大声は里に入らざるのみ。誠なり。誠なり。千載の後、知る有る者鮮《すくな》し。幸いに千百年の俗気を一洗せん。乃時《さきに》好事を誇る者、先生幸いに諸《こ》れを質せ。

宝暦四年（一七五四）甲戌

春。江戸に赴く（高頤斎、七絶の引、甲戌暮春送九峯賢契帰山、墨海四ノ二）。暮春（三月）、懸案の霊山寺梅樹記を完成する（下仁田町霊山寺並木実修氏蔵）。草書の長巻である。霊山寺は母の実家（有賀氏）の菩提寺。前年、すでに七回忌を修した母の思い出にふれる。其ノ人ヲ思エバ、猶オ其ノ樹ヲ愛ス（春秋左氏伝、定公九年）ということである。文と書、相呼応して、道斎の代表作と云える。

道斎の少年時代の回想は珍しく、ずっと後年（天明三年）、下仁田在の俳人田中反哺の三回忌の供養の句集、追善数手碇（架蔵、関東俳諧叢書第二十八巻所収）に寄せた跋文（自筆刻）に、反哺の友であった亡父の姿を描くのとともに、貴重である。

道斎は孝養の心に厚い人であった。高橋家の過去帳（享保三年戊戌首夏、新調、下仁田町高橋清氏蔵）の母の戒名の項には、克明慈母、とある。次に写すのは、下仁田町常住寺の後山の高橋家の塋域にある母の墓石の碑銘である。

此先妣有賀氏之墓、妣本州本邑人、寶永（ママ）七年丙申、歸于我先考、諱勝應字曾志、姓高橋氏、亦本邑人、生幾男幾女、伯克明、仲金納、叔陳好、女陽、適富永氏、延享四年丁卯十二月二十一日、以疾終、年五十一、銘曰、

　于嗟顯妣　母儀不忘
　南牧之木　維柘及桑
　左之右之　其居是疆
　菀彼條枚　使我悲傷

延享五年戊辰春三月　男克明謹書

父は文人気質の人であったらしい。自然石の墓（釋道喜）の裏面の銘は自作の文であり、末尾に発句を刻んである。一聲のうちに風味や子規。全文は、市河三陽の高橋道斎一家墓誌（上毛及上毛人七七号）を参照。寛保元年九月五日歿、行年未詳。

そこには載せていないが、墓の台石の前面に、道斎（勿斎）撰の銘がある。

萬象玄玄　靡生不亡
彷彿寓内　遊無何郷
博愛於衆　卒以葆光
徹上徹下　黙不能忘
勿齋子啓誌

道斎は右の追善の句集の亡人部に、父の句から、廣きものハ先散る桐の一葉哉、を蘭亭曾志の俳号で出稿している。曾志の師承は明らかでないが、雲裡房の蕉門名録集（宝暦二年刊、松宇文庫蔵）秋の部（亡人部）にも、朝かほや尺とり虫の登りつめ、を投句してある所からすれば、もともと、彦根の蕉門かも知れない。
因みに、芭蕉が彦根の平田村明照寺に弟子の李由を訪れるのは、元禄四年九月の末であり、許六が芭蕉に入門するのは、翌五年八月のことである。許六は阿羅野（元禄二年）以来蕉風を慕い、すでに其角に面談していた（俳諧自讃之論）が、この時は江戸詰中で、彦根藩の中屋敷にあった。

なお、高橋家の先祖について、祖父九郎右衛門勝重の墓（釋道恵、享保十二年四月二十五日、行年七十七歳）には碑文がないこと、塋域に、曾祖父母の墓がないこと、過去帳には、曾祖父の記載がなく、曾祖母の戒名（喜山壽悦大姉、元禄五辛申《ママ》四月四日）のみが記されていること、市河寛斎撰の道齋高先生墓表（寛政六年甲寅仲冬）には、父道喜にしか言及しないことを付記する。

秋。東郊が道斎を尋ねて、上毛に遊び、多胡碑を見る。東郊の来禽堂詩草（天明元年刊、内閣文庫蔵）に、観多胡郡碑の五律あり。その引に、碑在上毛多胡郡、和銅中為置縣建、傳言羊大夫碑、余與高子啓行見焉、留宿其下、不啻歐陽率更觀於索靖所書、遂題詩而去（全文）とある。不啻の句が明らかに示すように、少なくとも引は、井上蘭台の碑帖の序を見て書かれた文である。また、東郊改名、東江の東江先生書話（明和六年刊）に、上毛多胡郡古碑の話（上巻）を載せる。よく引かれる文だが、次に、省略を挟んで引用する。

寳暦甲戌の秋、某上野の國に遊びしとき、南牧の高橋子啟と同し（ママ）く多胡郡池村といふ所にいたりて古碑をみる、その碑文にいはく〔中略〕さて和銅四年ハ元明天皇の朝にて寳暦甲戌の年まで千四十六年があひだなり、かほどに年経たる稀代の碑なれど、誰人も知らず、むなしく草莽の間にうづもれありしを、何のさいはひにてか見る事を得たる、ここにおいて、はじめて一本を搨て持帰り、子啟と共にこれを摹刻して、同好の人ゝへおくりければ、今は世にしる人も多くなりぬ、この碑羊ノ大夫の碑といふなれバ、かの晉の羊祜が墜（ママ）涙の碑を思ひ出て、かたはらの石に詩一首を題していはく〔中略〕かくめで思ひしほどに、その日のかたぶくをゝしみてながめき、唐の歐陽率更ハ索靖が書る古碑を見て〔中略〕さもあらんと思ハる、

昔の人であれ今の人であれ、この文を読めば、多胡碑は宝暦四年甲戌の歳、千何年ぶりに、東江先生によって見出されたのだと思うだろう。それは当然である。そう脚色してあるのだから。子啓（道斎）は無くもがなの脇役に落とされている。しかし、中央の人士が地方の埋

もれた文物を自ら見出すことなど、今も昔もありえない。いつの世にも、主役になりたがる人が多いというだけの話である。日が傾くのを惜しんで眺めた、云々も、いかにも才人らしい陳腐な修辞にすぎない。東江は碑の存在ではなく、書法上の価値を発見したのだと云う人があるかも知れないが、それもまた、道斎が書と文字の研鑽を積んできたことを忘れた所説であろう。以上、筆者の感想を一言。

宝暦五年（一七五五）乙亥

十月。下野国那須郡梅平の人、大金久左衛門貞正が那須国造碑を梓行する（視聴草五集之十所収、内閣文庫蔵）。始めに、野州那須郡湯津上邑國造碑銘図。次いで、元禄四年三月、水戸義公（光圀）が大金重貞らに命じて古墳を修築し、碑堂を建立させた次第を記し、そして、水戸藩儒佐々宗淳の文。さらに、碑の本文と短い考証を付す。

道斎は恐らくこの書を手にしていたに違いない。表紙を含めて、全五丁の小冊ながら、草莽の人の志に一入の感慨を覚え、多胡碑の板行の意欲をかき立てられたことであろう。佐々宗淳はその文の末尾に、こう述べている。飛鳥清見原ノ碑碣ノ今世ニ存スル者、此ノ碑ト陸奥壺碑トナリ、而シテ壺碑ハ好事ノ者ニ往々模写セラル、此ノ碑ハ荒墳茂草ノ間ニ在リ、人ノ之レヲ識ル者無シ、我ガ　君矦古ヲ好ムノ深キニ非ザレバ、安クンゾ之レヲ世間ニ傳ウルコトヲ得ンヤ、死スル者若シ知ルコト有ラバ、那須ノ国造地下ニ忻々然タラン（原漢文）。

宝暦六年（一七五六）丙子

春。道斎と東郊の間で、多胡碑の碑帖を出板する話が具体化する。まず、資金は道斎が出資することに決まる。そして、碑を墨本にすること。細井広沢の壺碑帖に倣って、考証を附すこと。序の執筆を井上蘭台に依頼すること、など。

次の書簡は本年のものか。九峰集上の一節を引く。

我が上毛の多胡郡碑、和銅甲寅〔碑文の甲寅は歳次ではない〕に建つ。今千有余載に到る。天幸いに之れを得たり。搨本を塾に蔵す。今春江を度《わた》り、二三の兄弟に謀りて、工に上木を命ず。後に奉供を聞かせん。僕は古人を壺碑に謂《おも》う。玩好〔珍品〕は必ず従う。未だ多胡碑の有るを知らざるに焉《ここ》に在り。文明の運、知己に千載に遇う。豈大快ならざら

んや。（與大淳師、又）

季秋（九月）。東郊が碑帖の「跋」を執筆する。署名は東郊田隣ではなく、すでに東郊平麟である。全三十六字の短文。内容からして、考証（特に、碑字考証）の跋の体裁で書かれた文である。碑帖の全体の跋ではありえない。元来、跋文は、道斎が書くことになっていたのではないか。

宝暦七年（一七五七）丁丑

春。東郊筆の墨本、洛神賦に跋を書く。市河三陽の高橋道斎（續）（上毛及上毛人四一号）から引用する。

甚矣哉、東方書學之不傳也、特王履吉氏之業至于吾平景瑞四傳、其精妙入神者惟景瑞爲得之焉、丁丑春寫洛神賦、百世之下與太令所致於不言之符、亦惟於景瑞與視是

上毛高克明識

夏。井上蘭台が碑帖の序を執筆する。道斎が、始メテ之レヲ摹シ、以テ家ニ蔵ス、其ノ搨本四方ニ流布ス、と述べる。

その後、年代はわからないが、道斎は蘭台宛の書簡の一節で、序の礼を述べている。

曩《さき》に多胡碑を上木す。方に大文を辱示さる。以て首簡に冠す。玄晏氏〔皇甫謐、三都賦序の故事〕を論ずること亡《な》し。愈《いよいよ》先生を重んじて眕眭を為《つく》らざるを学ぶ。上毛の州、大庇に仗《よ》りて海内の縉紳君子の寵光する所と為る。亦復《また》先生の恵みなり。未だ之れ敢えて忘れざるなり。（與蘭臺先生、又ノ二）

同じく、この夏、道斎が碑帖の「序」を執筆する。それは、多胡碑に千載の知己をもとめるという内容からしても、平景瑞を紹介し（考証に平麟景瑞著とあるので）、その遊毛に触れる点から見ても、碑帖の跋文として執筆された文章であることに間違いない。しかし、翌年、板行された書を見ると、それは蘭台の序の次に置かれ、その代わりに、東郊の文があたかも跋の如くに、自筆刻で刷られていた。後述するように、それは道斎の与り知らぬ事態であったらしい。東郊の「跋」の一丁の柱記に文字が何も彫られていないのは、その辺りの事情に関係するであろう。

九月二十五日、碑帖の完成本が書物問屋組合に提出されて、出板許可の割印を受ける。その割印帳の記載で、書名の右肩に同丙子とあるのは、碑帖が刊記を欠いているために、東郊の「跋」の年次を記したにすぎない。作者を景随とするのは、碑面考証の平麟景瑞の瑞を書き誤ったのであろう。

さて、上記の夏を四月とすると、九月末まで半年近くあるわけだが、その間に、まず、碑帖の草稿本を提出して、開板の吟味を受けなければならない。「序」は短いからともかくとして、碑の墨本は簡単に仕上がるものではないので、前年から準備されていたはずである。碑面考証に見える、至竇暦六年丙子千四十六年（十二丁オ）の文は執筆の年を表すとも考えられる。

なお、再板本の東郊の跋に、遂ニ南谷ニ摹刻ス（中略）時ニ丙子ノ夏日ナリ、と述べるのは、道斎を資本主とするという意味で、板刻が南谷（道斎の書簡にも散見する、下仁田村の通称）で成されたということではない。東郊は後年（宝暦十四年三月）、朝鮮通信使の一行と面談した折、上毛多胡郡碑帖について、東郊云、上野國九峰山人、名克明、頗好古之士、此碑本、即所翻刻其家也、と述べている（傾盖集、九州大学中央図書館蔵）。初板本の柱刻に、青霞蔵とあり、再板本に、青霞堂蔵とある所以である。青霞堂の堂号は、平沢旭山が天明二年に青霞堂記（漫遊文草第四巻、寛政元年刊）を撰した時からのように云う人もあるが、ずっと早くに使われていたことがわかる。ともあれ、多胡郡碑帖は出資を地方に仰ぐので、所謂地方版である。

かくして、碑帖の出板は販売の段階に入るが、板元と売出しは、江戸の書肆小川彦九郎が引き受けている。恐らく、東郊の周旋による。その店舗は、日本橋南通三丁目にあった（井上隆明、改訂増補近世書林板元總覧、青裳堂書店、一九九八年）。

この年の冬（十月から十二月）、道斎は東郊の来簡に返信して、刊の成った碑帖について感想を述べている。含みのある文章なので、参考のために、全文を書き下す。九峰集上、所収、與源文龍（又ノ六）。

来諭を奉《たまわ》る。即ち未だ嘗て就見に若《し》かずんばあらず。悠悠の談、足下に非ずして誰か当に語るべき者ぞ。重ねて翰墨を遊戯するの状に及ぶ。宛《あたか》も足下の側に在るが如し。然して今の作者は、蘭台先生及び純卿の二三の君子に非ずんば、則ち足下其の人なり。君が家の塤箎、彬彬として時を一にす。文王無しと雖も猶お興る者のごとし。諭に曰く、純卿の才、通魏の術、足下の書、中原の三絶と称す、と。愈《いよいよ》二難の誼を掩う無し。二三の君子、奇状の人を驚かすを奈何せん。愈益《いよいよ》離群の憾に悵然たり。純卿は日を君侯の門に数えざること無し。一郷の善士、事えざる無し。通魏は奔走に暇時無し。今は裾を何れの門に曳くや。足下は維れ其れ章有り。長者の車轍、宛然として目に在り。雅《つね》に萱洲園を夢寐すれども、奮飛する能わず。心に愛す。遐《なん》ぞ謂《つ》げざらん。足下之れを何と謂わん。維馨の不淑、覚えず声を呑めり。多胡碑の刊成る。数帖併せ頒す。碑考は趙に返る。簡は足下の心に在り。不佞の嵓穴は深からず。鬱陶の間、患眼崇《おも》しとなす。夏より秋に抵《いた》る。精神は既に疲れ、披詠は漸く癈す。門を杜じ客を謝す。一たび人の言を聞くに、実に患眼に托して喧を避くと。不佞は則ち然らず。眼を患いて猶尚之れを害う。況んや俗物の人意を敗るをや。然りと雖も、山中に越在す。一の吉人を得ずと雖も、二三子と酒を今夕に楽しまん。今にして之れを憶う。愈益《いよいよ》離群の憾を知る。恍若として萱洲園を夢寐するも、惟だ其れ労《つか》る。日を視ること猶お年のごとし。覚えず簡中に淋漓たり。足下の清暇、寧《むし》ろ之れを念わん。

些か注を加えれば、来諭は来簡。就見は面談。作者は翰墨に係わること。塤箎は竹笛と土笛、兄弟の誼。文王、云々は孟子（尽心章上）。さて、貴簡に中原の三絶を云う。金峨の学才、源通魏の医術。通魏、姓は宮沢、信州の人。龍骨弁（宝暦十年）の著あり（多治比郁夫、若干の宮沢通魏資料、杏雨第八号参照）。上の二人は二難、得がたい兄弟と云える。もう一人は、自賛。即ち、貴君、東郊の書と承りました。三絶の方々、益々仲がよいと聞くにつけても、不佞（小生）は諸兄に遠く離れているのが残念です。維其有章、は詩経（小雅、裳裳者華）。長者車轍、は東郊を陳平（史記、陳丞相世家）になぞらえる。貧家に育つも、読書を好み、人長美色を見込まれて結婚、幾転変を経て、漢の丞相となった人物である。先に、金峨と通魏が権門に奔走する日常に言及してあるのは、長者車轍の伏線であって、この辺りから、文に、不信の影がさし始める。柳橋美少年（先哲叢談後編八）の活躍については、中野三敏氏の近世新畸人伝を参照（岩波現代文庫、二〇〇四年）。萱洲園は通魏の茅場町の居宅（萱草園）。夢に、会合の楽しい思い出が浮かぶ。心乎愛矣、遐不謂矣、は小雅（隰桑）。しかし、舞台は維馨不淑で暗転する。維馨は萱洲園の仲間の一人、荻生徂徠門の詩人、高野蘭亭の名。その不淑（死）は宝暦七年七月六日。恐縮ながら、それで、書簡の年代が明らかになる。

さて、多胡碑である。今や、刊が成り、数本が手元に届きました。碑考返趙。碑考は碑帖に附された考証のこととして、返趙とはどういうことか。筆者の見るところ、その句は毛遂自薦の故事に拠っている（史記、平原君虞卿列伝）。戦国の代、趙の平原君は、秦が都の邯鄲を攻めるや、合従をもとめて楚に遣わされる。文武兼備の食客二十人を同行しようとするが、一人、数が足りない。すると、食客でありながら、見かけぬ男が進み出て、自薦する（門下ニ毛遂ナル者有リ、前《すす》ミテ自賛ス）。男の受け答えが上手なので、結局、連れてゆくことになる。交渉が難航する中、毛遂は剣を按じて楚の王に迫り、王を説き伏せるという筋の話である。そして、平原君は趙に返ると、こう云った。毛先生、三寸ノ舌ヲ以テ百万ノ師ヨリ彊《つよ》シ、勝、敢エテ復タ士ヲ相セズ（師は軍隊、勝は平原君の名、相は人物を見る）。

そこで、合従の策が碑帖の刊行計画に見立てられていることがわかる。つまり、出板は東郊の弁舌の才によって成功したということで、この書簡を受け取った本人も、そう読んだに違いない。しかし、この話には、別のニュアンス、失敗というニュアンスもある。平原君は自らの失敗を認めた。人を見抜く目がなかった、と。そして、道斎の真意もここにある。どうしてそうかと云えば、一つには、前述の碑帖の跋の問題があり、もう一つは、これは推定ながら、考証（碑面考証と碑字考証）の著者の名が平麟景瑞一人になっていること（高克明は参訂者）に係わっている。道斎は碑帖の刊本を手にして、東郊の周旋を謝しつつも、毛遂自薦の話を持ち出さずにはおれなかった。人を見抜く目がなかった、という苦い思いに浸されて。実務全般は、恐らく出板の願出人の役も含めて、東郊が引き受けていたので、道斎は要するに韓桟敷に置かれていた。そして、文はこう続いている。簡在足下心。不佞嵓穴不深。簡は難読である。不佞、から注すれば、岩穴深カラズ、は滄溟尺牘によく見える句で、例えば、與徐子與（又ノ十一、李滄溟集巻之三十）の冒頭に、不佞巖穴不深、自取侮予、とある。道斎の滄溟尺牘考には、巖穴に巖穴ノ士（史記商君伝）を、侮予に今女《なんじ》下民、敢エテ予《われ》ヲ侮ルコト或《あ》ランヤ、と詩経（豳風、鴟鴞）を引き（中）、滄溟尺牘国字解（有馬正参著、明和二年刊）には、山ニ引コモル事深カラヌ故、人ノアナドリヲ取ト也（中）、と訳してある。なまじ、多胡碑の刊行を以て世に出よう、などという気持があった故に、人の侮りをこうむったということである。滄溟尺牘は田中蘭陵の編著（服部南郭序、享保十五年刊）で普及し、当時必読の書物であるから、さすがの東郊も、この文に至って、これは何だと思ったことだろう。もしそうなら、簡ハ足下ノ心ニ在リ、の簡に、簡傲の熟字があることに思い至ったかも知れない。なにしろ、後年（明和三年）、漢語の句双紙、文淵遺珠二冊を出板した人物である。簡傲は世説新語二十四の巻題にもなっているが、人をあなどり、高ぶること。東郊がそういう人柄であったか、どうか。それはひとまずわからないが、少なくとも、碑帖の出板に際して、口八丁、手八丁の都会人が地方の年長の独学の士に、裏切りを思うに近い、不信不快の念を抱かせたことは疑いない。それもまた、東郊の功名心のなせる業であった。

道斎は夏から眼を患っていたらしい。鬱陶之間、は蒸し暑い夏。精神既疲、披詠漸癈、杜門謝客、はやはり滄溟尺牘に拠る。しかし、眼が悪いのを口実に、読書を絶ったりはしない。況俗物敗人意乎。これは、小生の志は俗物の言動に敗れるような代物ではない、という意味である。竹林の賢人が四人で酒を飲んでいると、遅れてきた者がある。阮籍が、俗物已ニ復タ来リテ人意ヲ敗ル、と責めると、相手は曰く、卿ガ輩ノ意モ亦復タ敗ルベキカ（世説新語、排調）。だから、二三の君子と酒も飲む（楽酒今夕、君子維宴、小雅、頍弁）。山中をさすらう（越在）身に、一人の善き人（吉人）を得るのは難しいけれども、一人も悪人がいない。未ダ一吉人ヲ獲ズト雖モ、一凶ヲ去レリ（春秋左氏伝、文公十八年）。今にして、田舎の良さがわかる。皆さんと遠く離れて、惚けたように江戸での集まりを思うこともあるが、もう疲れるだけです。鬱々として一日が長い。これも李滄溟の尺牘の句である（倚次鬱鬱、視日猶年、与許殿卿、又ノ十一）。覚えず、ごたごた言葉を連ねました。貴君の清暇を念じます。

道斎はここで東郊を足下という敬称で呼んでいる。それは普通のことで、何らおかしくないが、呼びかけが前半に集中していることに注意したい。すなわち、維馨不淑、までに六度、以下、箇在足下心、のあとは、末尾の挨拶の一度のみである。小川環樹氏が司馬遷の筆力を論じられた文、平原君のことば（談往閑語、筑摩書房、一九八七年、所収）の筆法を以てすれば、丁重な呼称を畳みかける所に、相手を腹立たしく思う、心の動きが映し出されている。その怒りが、遂に、箇ハ足下ノ心ニ在リ、と云わせることになる。ここが文脈の変り目である。この足下は、だから、佞言を装うための発語ではもはやなかった。

以上のような書簡に接して、読者はどう考えられるだろうか。道斎の気持としては、この手紙は絶縁状である、と筆者は思う。ただ、絶交には至らなかった。俗物と叩かれ、暗に一凶と諷される、その人物が誰を指すか、東郊は自ら省みる所があったはずで、何らかの対応を工夫したのであろう。書簡の往復はこの後もある。しかし、本書には詳述しないが、例の朝鮮通信使との交渉にまつわって、再び悶着が起こっている（宝暦十四年）。次は、道斎がその折の東郊の言動を非難した書簡である（荅滕子彬、九峰集下）。交際の始めの頃の苦い回想も交えた長文なので、碑帖に言及する後半の節を引いておく。東郊が贈り物にした碑帖は、道斎が託した品であった。

今は故無く、我が致す所の碑本〔多胡郡碑帖〕を以て、一時の虚誉を誇る。此れ豺狼も厭いて之れ求むること無し。是れ人我を懐《ふところ》に夾《かく》すなり。況んや天の功を貪り、己が為に之れ力むるをや。井蘭台は碑本に序して曰く、天の寵霊、子啓の手を藉りたるかと。此れ徴すべきなり。假令《たとえ》今是の言無くとも、上毛の一旧物なり。友を之れが名に推轂するは、神交心契、則ち実に是れ全交なり。何ぞ其れ思わざるの甚しきや、詩に曰く、彼の交り敖るに匪《あら》ず、万福来たり求む〔小雅、桑扈〕と。否《しか》らざれば則ち、友人は所謂交を売る者なり。班太史〔班固〕曰く、交を売るは、利を見て義を忘るを謂うと。今の交を人に観るとき、勢を失えば即ち白雲蒼海に遊び、勢を得れば即ち朱門紫闥に処る。炎にして附き、寒にして棄つ。奚《なん》ぞ啻だに旧交を絶つのみならんや。世路の険巇《きょう》一に此に至るか。友人〔東郊〕は今七貴五侯の門に遊ぶ者なり。以て雲霞の交は時権に益無しと為す。何ぞ必ずしも、崇接世利、事官鞅掌、然る後に名を為さんや。不佞〔道斎〕は鏑水の一方に在り。麋鹿と群を同にす。皦皦《きょうきょう》然として其れ雰濁を絶す。分は此の界を出るを得ず。古に曰く、君子の交は絶えて悪声を出さずと。友人の言と為し難し。子彬〔手紙の相手の字〕の言と為すべきなり。子彬、我が為に之れを願う。予も已むを得ざるなり。詐偽して無情なる、之れを烏集の交と謂う。初めは相歓ぶと雖も、後は必ず相咄《しか》る。吾子〔貴君〕我を知らざるか。我を試みるか。言の何ぞ其れ謬れるや。交を息《や》め以て遊を絶するを請う者なり。子彬復た言う莫れ。我も亦誰をか怨まん。

これを読むと、九峰集に載る、源文龍（東郊）宛の七通の書簡が、通信使との応対をめぐって、右の文よりは穏健な言葉を綴った一通を第一番に、先に引用した絶縁状を最後の第七番に、配列してあるのは偶然ではないとわかる。ともあれ、本人に対して穏当な書きぶりをしているのは、未だ事実の詳しい所を知らなかったからにすぎない。

宝暦九年（一七五九）己卯

三月、東郊の著、書範、刊（日本書論集成第六巻所収）。巻末の、澤田文治著、の広告書の中に、上毛多胡郡碑帖　附考證　一冊、が載る。本書の跋は、山県昌貞（大弐）の文である。夏、中根東里を相模の浦賀に尋ねる。恐らく最終の面談である。東里の歿後、道斎は、東里遺稿の編者である佐野の須藤温へ、こう書いている。不佞ノ東スルヤ（中略）最後、相ニ遊ベリ、翁ト舷ヲ叩イテ、苦（酒）ヲ把ル、今ヲ談ジ、故ヲ論ジテ、日ノ彌《わた》ルヲ覚エズ、亦《ま》復《た》一大夢ナリ、翁ヤ逝ケリ、適去スルハ夫子ノ順ナレバナリ、吾誰ト与ニカ親ヲ為サン（與滕子直、九峰集上)。東里は明和二年(一七六五)歿。七十二歳。墓は東浦賀の顕正寺にある。

宝暦十年(一七六〇)庚辰

二月六日、江戸、明石屋火事。庚辰春、東都罹災、寝不施行(道斎、再勒跋)。寝《や》メテ施行セズ、は孔子家語の後序に出る句で、孔子十二世の孫、孔安国が孔子の故宅の壁中より出た書を得て、尚書伝五十八篇、その他を著し、なお孔子家語四十四篇を編んだが、たまたま巫蠱の事件に出会って、書を宮中に施行するに至らなかったことを云う。道斎の言を信じるなら、板元の日本橋通の書肆小川彦九郎が類焼し、碑帖の板木も燃えたのであろう。しかし、書物問屋の行事の割印から一年四カ月余の月日が経過しているから、その間に何十部も刷られていて当然だが、事情は不明である。宝暦七年九月二十五日以後、道斎と東郊の話し合いがつかず、販売を停止していたとも考えられる。それにしても、その碑帖が火事に巻き込まれるとは、数奇な話である。

この年の二月、道斎は上方へ旅に出て(井上金峨、送九峰高君西游序、墨海四ノ二)、帰路の八月二十五日、伊勢に詣で、外宮の豊宮崎文庫に多胡碑の拓本を奉納した。一枚の請書が残

る（下仁田町高橋清氏蔵）。全十一行。九郎右衛門は高橋家の代々の名乗りである。奉納は、
厄のお祓いでもあろう。

請預

多胡郡碑狀一鋪

右奉納于

太神宮文庫訖蓋聞吾

朝有上古之三碑此其一也打

以其古雅可見實貴郡之古

物也吾鄉之珍藏也豈無

感享乎即當勒牓以傳令名於

永世焉因請文如件

寶曆十年八月二十五日　豐宮崎文庫書生

高橋九郎右衛門殿

この旅で、道斎が播州まで足を延ばしたのは、明石に芭蕉の面影をもとめてのことである。

宝暦十一年（一七六一）辛巳

四月二十七日、雲裡房歿。六十九歳。道斎は前年、大津の義仲寺か京の誓願寺中の庵室に師を見舞ったはずである。墓は龍ケ岡俳人墓地にある。翌、宝暦十二年の冬、芭蕉塚（旅寝塚）の傍らに、雲裡房の句碑を建立し（現存）、その銘文を撰ぶ。また、三回忌の追善句集、ゆき塚（宝暦十三年刊、関東俳諧叢書第二十八巻所収）の五十韻に加わる。

秋、碑帖の再板の話が纏まったものか、道斎は上毛多胡碑再勒跋を執筆する。今度は、題に再勒の跋とあり（勒は刻）、多胡碑の墨本に附された跋という形である。文は古文辞の文として格調高く、書もまた見事である。断乎とした気魄を感じさせる。そして、そこには、初板の文とは異なり、東郊についての記述がない。

東郊は「題跋」を執筆している。嘗て道斎が記した、東郊の遊毛と多胡碑の参観の記事は本人の文に移っている。本書第三章の東郊の文を参照されたい。執筆の日付はなく、署名は東郊平鱗。丁の柱記には、多胡碑考題跋とある。恐らく自筆の草書で、なぜ他の丁と同様でないのか、説明がつかない。

ここに、井上金峨に多胡碑跋と題する文章がある。金峨先生文集四（内題、金峨先生焦餘稿巻之五、国文学研究資料館蔵）所収。


高岸爲谷、深谷爲陵、此杜元凱所以致思也、天之生物、固不無所待、假令平高二子不游毛之野、孰能令一片石、顯然千載乎、覧玩之餘、慨嘆不足、聊書其後（全文）

これは再板のための跋と思われるが、委細は不明。金峨は東郊と同年（享保十七年生）で、交友はもっとも密。宝暦七年丁丑刊の書學筌（祐徳博物館蔵）にも、井上蘭台、成島錦江、源通魏と共に序を寄せている（本書の高頤斎の跋に、此編者蓋東郊寓上毛時爲門人所説也、とある）。無論、道斎とも昵懇の間柄であった。それは金峨の九峰文集序（焦餘稿巻之一）、その他の文章に明らかで、時に、道斎と東郊の間を取り持とうとする姿勢も見える。金峨は跋の執筆をどちらに依頼され、取り下げをどちらに承知させられたのか。ともあれ、東郊の「題跋」の柱記が他の丁に異なるのは金峨の文の不掲載に関係するであろう。

ついでながら、東郊の名について、中野三敏氏は前掲の著で、碑帖の再板の跋から、丙子

夏日　東郊平鱗（印）鱗（印）景瑞、を引いて、初名を鱗とするが、その丙子夏日は文中の年時で、執筆の日付ではない。書學筌も、平鱗景瑞著であって、鱗の以前が鱗、そして、鱗の以前は隣である。奉送九峰山人　東郊田隣拝、とある七言絶句の墨蹟を、泰庵市河三陽が嘗て所蔵されており、写しが墨海（四ノ二）に載る。他に、澤田隣書と署する真蹟もあり、氏が読み違えることはまず考えられない。惜しみて尚余りあるが、市河三陽が半生をかけて蒐集した、市河寛斎、米庵、高橋道斎の文書類は関東大震災の火で灰塵と帰した（燼録、一九二五年）。

十一月二十七日、井上蘭台歿。五十七歳。墓は現在、谷中霊園にある。

宝暦十二年（一七六二）壬午

三月、江戸へ赴く。蘭台の嗣井上四明を弔問する。
六月、碑帖の再板本の刻成る。割印帳の記載は、宝暦十二年午六月廿二日、小川彦九郎、吉文字屋次郎兵衛。

同十二年六月　　　　　　　　　　　　　板元賣出
上毛多胡郡碑帖　　　再板　全一冊　　　須原屋茂兵衛
墨付十六丁

右肩の板行の日付に、行事の割印の年月が書かれている。初板に同じく、刊記を欠くからである。板元の須原屋茂兵衛は日本橋通南一丁目の大店で、須原屋の本家である。なお、碑面考証の文中、至寶暦六年丙子千四十六年（十三丁オ）の文は初板本と同文のままである。

道斎は再板本の刊行を喜び、何人もの人に贈ったようである。次の書簡は、受け手の閲歴が不明ながら、奉呈の例として、その節を引用する（與兎山深大夫、九峰集上）。

多胡碑帖、敬諾す。左右に奉呈するは、是の帖なり。我、東方の諸縉紳君子に謂わん、魏晋の諸名家と道を争いて馳せるに幾《ちか》し、と。蓋し上毛の神物なり。千秋にも朽ちず。伝えて世宝と為さん。豈踊躍せざらんや。

以上、碑帖の刊行の経緯を見てきたが、道斎の再勒跋の末尾の文章を引いて、終りとしたい。道斎の志がそこに籠もっていると思うからである。その文は、次の如し。

就復刻之、乃將傳之無窮、錯亂磨滅、不損益一毫、与余同志者、亦復所不隱。

これは好古博雅の人々への呼びかけである。典拠の文は孔安国の尚書序にあり、すでに言及した孔子家語の後序の一文、寝不施行にも係わっている。そこでも触れたが、孔安国は詔を受けて、先祖の孔子の旧宅の壁中から発掘された書の注を作る。五十八篇ヲ定メ、既ニ畢ワル、会々《たまたま》国ニ巫蠱ノ事有リ、経籍ノ道息《や》ム、用《もつ》テ復タ以聞セズ、之レヲ子孫ニ伝エ、以テ後世ニ貽《おく》ル、若シ好古博雅ノ君子、我ト志ヲ同ジクセバ、亦隠サザル所ナリ（文選巻四十五）。古き世を明らめんと志す人に対して、何の隠す所があろうか。道斎は、この時、四十四歳。余力あって、文を学ぶこと、無慮三十年。真に、固ならず、と云うべきである。事を行うに、逆行しない所以がそこにある。仁義ニ由リテ行ウ、仁義ヲ行ウニ非ザルナリ、と孟子は云った。

五　写本と関連書について

まず、古典籍総合目録データベースに挙がっている写本について述べる。

その第一は、無窮会神習文庫蔵の多胡郡碑考證。本書は安原貞平の輿窓随筆の末尾に付された、碑帖（再板本）の抜き書きである。始めに、上毛多胡郡碑圖を写し、丁の裏に、右上毛高克明所摹、以行于世、別打碑一本、文字古而有法、今之所不及、亦可観前代典章之隆矣貞平識、と記す。考証の文を写した後にも、乙酉歳夏五　貞平識、とある。乙酉は明和二年（一七六五）。

上田藩儒安原貞平の事跡については、矢羽勝幸氏の文がある（上田藩の人物と文化、上田市立博物館、一九八六年、所収）。文中、貞平の古希の賀に寄せられた詩文の作者が挙がっている中に、井上金峨、高橋道斎の名もあるので、矢羽氏に所在を問い合わせたが、何を典拠にしたか、思い出せないという返信を頂いた。道斎が貞平の嗣子龍淵と交友があったことは、書簡が九峰集下にあるのでわかる。

第二は、宮城県図書館小西文庫蔵の写本一冊。題簽、多胡碑考　全。直書。データベースには、もう一冊、多胡郡碑面考證という表題の写本が出ているが、右と同一の本である。碑帖の再板本のきわめて精密な写本。筆写者の雨香鈴木省三翁（一八五三―一九三九）の履歴から見て、大正から昭和にかけての制作であろう。多胡郡碑面考證補として、富田永世の上野名跡志（嘉永六年刊）、その他の文献を抜粋する。

さらに、ここに取り上げておきたいのは、上毛多胡郡碑帖の初板本の翌々年（宝暦九年己卯）に刊行された、上野多胡郡碑文である。この書は、上毛多胡郡碑帖の思わぬ反響の一つであった。初板本はどういう形でか、一部の好古家に伝わっていたかに思われる。

筆者が見たのは、富山市立図書館山田孝雄文庫の蔵本である。題簽は、右の書名に同じ。見返に、同文の表題、下方に、平安廣文堂藏（印）、とある。全十一丁。始めに、多胡碑の双鉤塡墨（六丁）。次いで、二行の篆文、寳暦己卯夏六月、甲斐高舄瑞摹勒。舄は鵲で、鵲瑞は高芙蓉の宝暦八年頃の名である（松下英麿、池大雅、春秋社、一九六七年）。碑の双鉤は、高芙蓉が新たに書いたということである。さらに、多胡碑全圖。碑帖の図とは異なり、伊藤東涯の盍簪録のそれにほぼ同じである。果して、続く、考證、と題する文、寳暦戊寅（八年）八月　門人伊勢渡會末濟書の漢文は、東涯先生曰、に始まり、東涯の盍簪録の多胡碑の文を、省略を交えながら写したものである。即ち、東郊の碑面考証が末尾の文で、盍簪録の誤りを指摘するのに対して、門人として反発した文章であって、羊と尊の計三字についてはは全図で訂正済みだから、あとは、現地を訪れたのか、どうか、碑の傍らに樟の大樹がやはりあるということにすぎない。

もっとも、盍簪録は板行されなかったとはいえ、写本で流布し、多胡碑の存在を世の人に知らしめるに少なからず貢献したはずである。道斎が初板本の序に記しているように、尋ね当てても、名乗り出る人がなかっただけである。巨川度会末濟の憤懣も故なしとしない。先の安原貞平も伊藤東涯に古学を学んだ人で、輿窓随筆の本文の多胡碑についての文は、やはり、盍簪録に依っている。その末尾に、我京に在し時あるひと此碑の圖をふところにしきたりて其由をかたりしほとに此所を過るたびに見まほしく思ひしかど、宮仕えの故に本意を遂げていない、云々と述べている。奇特の人は、あるいは度会巨川かも知れない。度会氏についてよく調べれば、道斎が外宮の豊宮崎文庫に多胡碑の拓本を納めたこととの関連が何かわかるかも知れない。本書の、跋多胡郡古碑新刻後（寶暦己卯夏首之吉　土佐陶山晃謹撰）には、信濃州人某、所摹勒、の拓本ともう一つ、東都某氏家所素藏者、字画最奇古、曾無纖錯、という拓本が高芙蓉の双鉤の原本になったように述べてある。高芙蓉は、内宮の林崎文庫を中興した蓬萊尚賢と交際があった。北岡四良氏によれば、蓬萊尚賢は非常に交際の広い人で、これは後年のことになるけれども、沢田東江（源鱗）筆の古文孝経碑を林崎文庫に建てたそうである（天明八年正月）。北岡氏の近世国学者の研究（遺稿集刊行会、一九七七年）に、その碑陰記が写されている。

また、古義堂文庫目録（天理図書館、一九五六年）の刷物の部に、多胡碑拓本一舗、が載る。朱書、寶暦十四歳次甲申夏四月伊勢韓天壽手搨。米田彌太郎氏の論文、韓天寿とその刻帖（前掲書、所収）は、天寿が沢田東江の口入れで林鳳谷に入門したことが、林家の入門帳の宝暦十三年七月の項に見える、と述べている。大雅、芙蓉、天寿の交遊を知らぬ人はない。陶山冕の云う、東都の拓本の持ち主は東江であった可能性がある。

なお、陶山冕は東涯門の異色の人物で、短文ながら、江村北海の日本詩史（巻之三）に伝がある。

さて、最後に、安永三年（甲午）一月に上梓された多胡碑集について。松宇文庫蔵本。本書は俳諧撰集であるが、半化房（高桑闌更）の序文に続けて、多胡碑の碑文の墨本（全二十丁、半丁二字宛）を収めることで有名である。上毛多胡郡碑帖に倣って、碑の全図も掲げている（但し、図は異なる）。本文は闌更と地元の吉井連の多胡碑の歌仙と発句を掲げ、さらに、芭蕉の歌仙、また去来の句を先頭に、一門の俳人を網羅した上で、百人を越える上州の作者等の発句も掲出するという蕉門の一大撰集である。詳しくは、本多夏彦著、上毛俳書解題（上毛文化會、一九四〇年）を参照。跋文は吉井藩の富商堀越勘蔵（卜全）、邦之助（其蝶）の父子。道斎とは親戚関係になる家筋である。しかし、道斎の句は見えない。その理由はあれこれ考えうるが、ここには書かない。刊記、安永三甲午年正月吉日、江戸〔中略〕出雲寺和泉掾、京都　出雲寺文次郎、大坂　敦賀屋九兵衛。

おわりに

高橋道斎は上野国甘楽郡下仁田村に生れ、下仁田村に終った人である。名、克明、字、子啓、号、道斎、通称、九郎右衛門。享保三年（一七一八）の生れで、寛政六年（一七九四）二月六日、七十七歳で歿した。

私（筆者）が道斎の名を覚えたのは上野三碑の一、多胡碑を世に紹介した人物としてである。年少の頃、宇治の橋寺に断碑を見て、石に刻まれた文字の姿に心に鳴るものを聞き取ってから、私は古代の金石文に密かな愛着を抱くようになる。古京遺文もやがて手に入れた。そして、年齢のせいだろうか、近頃、癖がいよいよ高じている。

道斎が私の注意を引いたのには、さらに、もう一つ、わけがある。道斎についての文献をあれこれ見ていて、道斎の祖父の高橋九郎右衛門と高橋次郎右衛門とが同人ではないかとふと思ったことである。九郎右衛門は近江の人で、彦根藩の高宮上布の麻糸の原料の元仕入屋として江州と上州を往来する中、宝永の頃か、下仁田に移住し、所謂鋸商人から在方商人に身を変え、また、農地を開墾して、小作を抱える地主となる。道斎の生れる三年前、正徳五年（一七一五）には、父の七郎兵衛が酒造業も始めていて、村の豪商の一人であった。他方、次郎右衛門は彦根藩の平士高橋家の四代目で、江戸詰中の元禄三年（一六九〇）御暇の処分を受け、武士の身分を失った人。初代の次郎右衛門の出自は甘楽郡丹生村であった。事実を明らかにしたいが、未だ確実な資料を見出すに至っていない。

それはそれとして、私は上毛多胡郡碑帖の跋文（再勒跋）から始めて、道斎の遺文の読解と探索を進めるうち、中根東里の新瓦《しんいとまき》（東里遺稿、明和八年刊、架蔵、所収）と東里が寛延二年（一七四九）道斎に与えた書簡（同書、與高子啓書）とを読むに及んで、高橋道斎という人物に改めて向き合う気になった。東里が、母を亡くした姪、六歳の芳子《はな》の薫育を自分の死後に託そうとする年少の友、それが道斎であった。

新瓦は芳子に呼びかけて、人の歩むべき道を説示する文である。しかし、時に姪の成長を喜んで嘆声を発し、時に自らの遍歴を真摯に省み、時に芳子の父たる弟の来し方と母なき姪の行く末を思って悲しみの色を表すという柔軟な文体の漢文にすべてを載せて、陽明学者としての半生の思索を綴っている。例えば、咨《ああ》、汝、芳子、吾ノ汝ニ欲《のぞ》ムハ之レ読書ナリ、という風である。ところが、芳子は論語の素読になると、机の下に隠れて歌をうたって、云うのに、君、読書ヲ好ム、以テ何ヲカ為サント、僕、対《こた》ウル能ワズ（與高子啓書）。市河三陽はこう訳している（上毛及上毛人四二号）、伯父さん、御本を読んで何にするの。私は一読、心の底から笑った。東里には、真情というものがある。

東里は、以前、延享三年（一七四六）、佐野から下仁田に来て、道斎の家に三月滞在し、講義をしていた。嘗《つぶさ》ニ其ノ曠野ノ清閑ヲ愛シテ還ラズ、という（先哲叢談後編巻五）。

人は道斎の遺した仕事を、俳諧、漢詩、書法、考証、経学、古文辞と多方面に渉ることにいささか驚きはしても、格別勝れたものではないと云うかも知れない。私も認めるに吝かではないが、それでよしとする。制度の介入によって徹底して変質した現代の学問研究に慣れた目に映して、さように主張したところで、事の真相によく届くものではない。

もっとも、私は道斎を幕藩体制下の在村文化人に仕立てることも好まない。

道斎は儒者である。そして、儒者であるとは、人たらんとすることに他ならない。

唐の韓愈の原道に、仁ト義トハ定名タリ、道ト徳トハ虚位タリ、という文がある。今、私注を加えれば、定名は抽象概念であり、実在と見做されるけれども、経験を前提としない。虚位は発端としての空虚。それは無限の充実を期している。即ち、道はこれに由りて之《ゆ》くものであって、之くのは人である。徳は己に得て、己に足り、外に待つことなきものであって、自ら足るのは人である。人とは経験の謂いである。経験は精神の運動と名づけてもよいが、この時、運動が心の闇に潜む、合理の網に掛からぬものに発することに留意すべきである。精神は好んで思考の明るい空間に棲みつくけれども、経験は言語の通わぬ生の深みに根ざしている。合理と非合理の脈が絡まって、経験の木が育つ。その木の果実がことばであり、ことばは熟して、定名の内実となる。

朱子は韓愈を近世豪傑ノ士（近思録十四）と呼んだ。原道はいかにも豪傑の作で、放胆にして直截、煩瑣な理に渉ることなく、経験の普遍人間的な方式を提示している。儒者とは人間のあり方であって、そこに思いを致さなければ、道斎についても、真相を摑むことは難しい。読書人とはいえ、儒者は口舌の労を誇る徒ではない。実践家である。読書の成否はひとえに日々の生活に懸かっている。それは政治に携わる士大夫にも、携わらぬ庶民にも同じことである。まして、権威と専制に跼蹐しているようでは、光風霽月の如き境涯は存養されない。周濂渓の通書（第二十四）に、至リテ得難キ者ハ人ナリ、とあるのは、蓋し、至言である。

もっとも、道斎は、太宰春台の孟子論（斥非附録）に反駁する辨孟論（無窮會平沼文庫蔵写本）の一節で、心ハ身ヲ主《つかさど》リ、性ハ心ニ具ワリ、善ハ性ニ原《もと》ヅク、之レヲ典常ト謂イ、之レヲ彝倫ト謂ウ、故ニ天下ノ学者、其ノ舌ニ信《まか》セ其ノ筆ヲ奮ウコト能ワズト雖モ、斯レ民ノ日用スル所ナリ、と述べているから、至りて得がたいなどと云えば、学者の言と一蹴されるかも知れない。右の心、性、善の句が王陽明（與王純甫二）に、民ノ日用の句が陸象山（與王順伯二）に拠る所、中根東里の薫染は永く道斎の心身を去ることがなかった。

ともあれ、平常の業に務めつつ、眼を曝して、言語を載せて遷る世を睥睨し、日月を載せて逝く天地の間に逍遥する。その応接に、骨があり、しかも、身のこなしはしなやかであって、ようやく、学問の功が成ったと云うべきである。次に、天明二年（一七八二）刊の大東詩集（東京都立中央図書館蔵）が収録する、道斎の古体詩二篇のうち、老農を引く。あるいは画賛のための作かも知れないが、措辞の平明、よく作者の風骨を偲ばせるに足るであろう。

躬耕白雲客
心與白雲俱
不自論榮辱
無財問有無
晨臨谷口飲
夕向酒家沽
詩就還自吟
手披五嶽圖
頭上葛巾落復戴

躬は白雲に耕すの客
心は白雲と俱にす
自ら栄辱を論ぜず
財は有無を問うなし
晨に谷口に臨んで飲み
夕に酒家に向《お》いて沽《か》う
詩就って還た自ら吟じ
手に披く　五嶽の図
頭上の葛巾　落ちて復た戴き

遂鳥尋花無窮途　　鳥を遂い花を尋ぬ　無窮の途
功名安惜在身後　　功名安くんぞ惜《おし》まんや　身後に在るを
此翁生平獨守愚　　此の翁　生平　独り愚を守る

孔子は農を問われ、吾老農ニ如カズ、と応じたが、問うた樊須が退出すると、小人ナルカナ、樊遅ヤ、焉クンゾ稼ヲ用インヤ、と云った（論語、子路篇）。稼は穀物の栽培である。陶淵明はこれを、孔ハ道徳ニ耽リ、樊須ヲ是レ鄙シトス、と評している。孔子といえども、農事を卑しむべきではない。舜、既に躬《みずか》ら耕し、禹もまた稼穡したではないか（勧農）。道齋が淵明の詩を知って、此の老農に自己の像を重ねていることは明らかである。それは、白雲の語が、嶺上ニ白雲多シ（陶弘景、詔問山中何所有賦詩以答）を響かせつつ、妙義三山の一、白雲山を浮かばせることにも表れている。今日も、道斎が別業の観瀾亭を構えていた、下仁田の上町の外れ、南牧川と西牧川が合流して鏑《かぶら》川となる、あの青岩の河原に立てば、人は妙義山の峨々たる岩峰の裾を低く望むであろう。

下仁田は真に景観に恵まれた土地で、東里が愛したというのも当然である。仲町の通りを西に緩く下る斜面にあった髙橋家の屋敷からは、居ながらにして、川井山、大崩《おおぐい》山の緑の山塊を仰ぐことができた。四ッ又山、鹿岳《かなだけ》も頭を少し覗かせている。これは無論現代の知識だが、山々の人目を引きつける独特の姿は地質学的に特異な成因によるという。また、程近い諏訪神社の裏の西牧川の崖には、中央構造線の一部を成すという断層が縦に露れている。鏑川の青岩も三波川変成岩の一種の緑色片岩の露頭である（下仁田町と周辺の地質、下仁田自然学校刊、二〇〇九年、参照）。

故郷は山川の風光と化して、人の心に甦るものだ。道斎には、人口に膾炙する九峰の別号があった。白雲山人とも号したそうだが、落款も印も九峰山人を用いることが多い。遊印にも、鏑水一方がよく使われた。その文は詩経の、彼ノ汾〔汾水〕ノ一方〔ほとり〕、言《ここ》ニ其ノ桑ヲ采ル〔中略〕美ナルコト英〔花〕ノ如クナレドモ、殊ニ公行〔官名〕ニ異ル（魏風、汾沮洳）という詩節を踏まえたものである。

付け加えれば、碓氷峠の下の坂本宿の八幡宮の神額の遊印は、本多夏彦氏の説（高橋道齋先生の研究、群馬県立下仁田高等学校郷土部編、一九六〇年、所収、一九五八年の講演にて。のち、上毛の文人、本多夏彦著作集第一巻、一九七二年に収録）以来、毛国男子、という句とされるが、これも実は鏑水一方である。私はお宮の覆屋の高い梁に梯子で上って、確かめたので、間違いない。修理が成った、八分《はっぷん》の八幡宮は見事に厳しい書である。額の裏に、天明元年辛丑五月吉日掛之、とあったので、道斎六十四歳の筆である。

若き日、婿養子として道斎のもとにあった市河寛斎も、下仁田雑詠の連作の一を鏑川と題して、こう詠じたことがある（寛斎摘草巻之四、詩集日本漢詩第八巻所収）。

西南渓水合　西と南の渓水合し
匯作百川雄　匯《あつま》りて百川の雄を作す
不肯山中住　山中に住《とど》まるを肯えんぜず
奔流向海東　奔流　海東に向かう

鏑川は両渓を合して東流し、不通渓谷を深く浸食して、やがて沃野に出る。百川の雄は坂東太郎。しかし、山中に停留することを望まないのは、ひとり河川のみではない。不肯山中住の句は王世貞の山人不肯山中住（九華歌贈董山浙甫、弇州四部稿巻十九）に拠るもので、人を水に転じたのは、寛斎の手柄であった。無論、道斎は、婿にこの一篇を示されたなら、詩意の及ぶところをただちに汲んだことであろう。学問をもって山を出ることを願ったのは、道斎その人であった。そして、その意味では、道斎は確かに世に出た人である。世に出るには、道世が認めるだけの研鑽がなければならない。道斎にその備えがあったことは、旅寝塚を上梓し、上毛多胡郡碑帖を二度にわたって板行し、さらに、李滄溟尺牘考を出板していることからわかる。素封家の豊かな財力が研鑽を支えたことは云うまでもない。しかし、道斎が故山をついに離れえなかったのも、その家業の故である。市河寛斎はわずか一年の後には、縁を断ち、奔流となって、江戸に向かうが、そのような進退の自由は、道斎に許されることではなかった。度重なる不幸が家庭を襲ったからである。己の家を守る。この希求の強さに、時代を異にする者の思いの遠く及ばぬところがあったこともまた明らかである。

鏑水一方には、毛国男子の傲情に遠い、自恃と謙抑が潜むが、また、何ほどか、一介の私人の憂憤が籠もっているように感じられる。

何時の時代にも、世の中は（社会は、と書くべきところだが）、一枚岩の如き堅固な大地ではない。それどころか、縦横無尽に変動する、無数の深い地割れに苦しんでいる。この苦難を克服する方途を見出すこと自体、大きい困難である。そこにも、言い知れぬ苦しみがある。高橋道斎は儒者として、そして、地主、商人として、明和元年の中山道伝馬騒動、天明元年の絹一揆、また、天明三年の浅間山の噴火に引き続く凶作と飢饉、等々の事変を目の当りにしてきた人物である。天変地異に出会っては、信陽浅嶽放火記を残した（群馬県立歴史博物館蔵写本、浅間山天明噴火史料集成Ⅲ所収、異本、東京国立博物館蔵）。安藤昌益とはほぼ同世代であり、吉田芝渓の先輩である。昌益が陶淵明を直耕の人として高く評価したことは云うまでもない。吉田芝渓は上州渋川の人で、道斎の孫弟子。開荒須知（日本農書全集第三巻所収）、養蚕須知を著し、開拓に従事した。道斎は井上金峨を介して、小幡藩の吉田玄蕃とも親交があった。山県大弐は捕縛される数年前、道斎に書簡を呈して、好学の志に訴えた（依田学海、学海日録三十二、神習文庫蔵、刊本、岩波書店、一九九〇年）。道齋が地割れを直視し、惨害と荒廃を食い止める方途に心を労し、力を勤めていたことは疑いない。それがどのような哲学であり、どのような実践であるか、資料をさらに蒐集し、周到に読解して、いずれは、全体の像を描かなければならない。歴史の個々の形姿に普遍を見抜くことが原理を打ち立てる前提の一歩となること、それは、昔も今も、変わらぬからである。

謝辞

本書に関連する資料の蒐集と解読にあたって、多くの方々の示教と関係機関の配慮を頂いたことに深謝致します。お名前を一々あげることはできませんが、須賀昌五氏には特にお礼を申します。道斎の研究は、大正に市河三陽あり、平成に須賀楠舟ありと云って、何ら過言ではない。老来なお矍鑠たる氏の向後の清栄を祈念致します。

また、下仁田町ふるさとセンターの皆様には、何かとお手数をお掛け致しました。ここに記して、感謝の意を表します。

髙橋達明（たかはし みちあき）
一九四四年、京都生。京都大学文学部卒。フランス文学専攻。京都女子大学名誉教授。
著書 鳥のいる風景（淡交社、一九九五）。オルペウス、ミュートスの誕生—農耕歌第四巻四五三—五二七行注釈（知道出版、二〇一一）。
論文 小野蘭山本草講義本編年攷、東アジアの本草と博物学の世界（下巻、思文閣出版、一九九五）所収。蘭山の仏法僧—本草綱目草稿と講義本の編年をめぐって、小野蘭山（八坂書房、二〇一〇）所収。
訳書 ルソー、植物学についての手紙、ルソー全集、第十二巻（白水社、一九八三）所収。ラマルク、動物哲学（朝日出版社、一九八八）。レジェ、バラの画家ルドゥテ（八坂書房、二〇〇五）。レリス、幻のアフリカ（共訳、平凡社、二〇一〇）。

上毛多胡郡碑帖の板本について
2016年7月27日　初版第1刷発行

著　者　髙橋 達明

発行者　廣嶋 武人

発行所　株式会社 ぺりかん社
〒113-0033　東京都文京区本郷1-28-36
TEL 03(3814)8515
http://www.perikansha.co.jp/

印刷・製本　株式会社精興社

Printed in Japan

ISBN 978-4-8315-1447-9